BEI GRIN MACHT SICH IHR WISSEN BEZAHLT

Strategische Unternehmensführung. Change-Management, Strategieimplementierung, Balanced Scorecard und Unternehmensethik

Johann Haase

Bibliografische Information der Deutschen Nationalbibliothek:

Die Deutsche Nationalbibliothek verzeichnet diese Publikation in der Deutschen Nationalbibliografie; detaillierte bibliografische Daten sind im Internet über http://dnb.d-nb.de abrufbar.

ISBN: 9783346478825
Dieses Buch ist auch als E-Book erhältlich.

Druck und Bindung: Books on Demand GmbH, Norderstedt Germany
Gedruckt auf säurefreiem Papier aus verantwortungsvollen Quellen

Das vorliegende Werk wurde sorgfältig erarbeitet. Dennoch übernehmen Autoren und Verlag für die Richtigkeit von Angaben, Hinweisen, Links und Ratschlägen sowie eventuelle Druckfehler keine Haftung.

Das Buch bei GRIN: https://www.grin.com/document/1064367

Deutsche Hochschule für
Prävention und Gesundheitsmanagement

Einsendeaufgabe

Fachmodul:	Strategische Unternehmensführung 2
Studiengang:	M.A. Prävention und Gesundheitsmanagement
Datum Präsenzphase:	19.05.2021 bis 22.05.2021
Name, Vorname:	Haase, Johann
Studienort:	**Hamburg**
Semester:	**1. Semester**

Inhaltsverzeichnis

1 Bodo Müllers Plan

1.1 Gründe für Wandel

Im Folgenden werden drei Gründe genannt, welche für den Wandel stehen, den Bodo Müller initiieren will:

1. Einer Erhöhung des Ausgabenniveaus im Gesundheitsbereich wird aufgrund politischer Entscheidungen entgegengewirkt. Diese sind bedingt durch die hohen finanziellen Belastungen im Segment der medizinischen Geräte sowie das niedrige BIP-Wachstum bei einer gleichzeitig geringer werden Bevölkerungswachstumsrate und führen folglich zu einer Begrenzung weiterer Subventionen.

2. Der in Punkt 1. aufgeführte Aspekt hat Auswirkungen auf die staatliche Finanzierung der Krankenhäuser, welche aufgrund dessen gebrauchte und ältere Geräte in Stand halten und auf neue medizinische Mittel verzichten müssen.

3. Der Beschaffungsprozess für medizinische Geräte lag in den vergangenen Jahren im Aufgabenbereich der Krankenhausärzte, wobei diese lediglich eine kurze Rücksprache mit der Krankenhausadministration abhielten. Zum heutigen Zeitpunkt liegt die Entscheidungsmacht bzgl. eines Einkaufsprozesses vermehrt in den Händen der Krankenhausverwaltung und der Einkaufsabteilung, welche ihre Entscheidungen insbesondere aus ökonomischen Gründen treffen.

Bei den genannten Gründen handelt es sich um exogene/externe Ursachen, heißt, das Umfeld um die Gesundheits- und Medizintechnik AG verändert sich.

1.2 Aspekte des Strategiewandels

Hinsichtlich des Change-Managements werden folgend drei Aspekte zum Strategiewandel aufgeführt:

1. Der Wandel der Entscheidungsmacht bzgl. des Einkaufsprozesses der medizinischen Geräte führte in Müllers Augen zu einer notwendigen Überarbeitung der bisherigen Marketingstrategie. Anpassungsmaßnahmen des Marketings sollen sich auf die Bedürfnisse und Herausforderungen der neuen Adressaten [C-Levels (CEO, CFO, CIO, etc.)] fokussieren. Das besondere, das C-Level Marketing ist nicht einzeln für die sieben Unternehmenseinheiten durchführbar, sondern muss als gemeinsamer Prozess stattfinden, heißt alle Produktlinien vereint umfassen.

2. Die Neuausrichtung der Kaufentscheidungen führte bei Müller ebenfalls zu einem Umdenken in dem bisherigen Angebot. Er sah es als erforderlich das derzeitig von anderen Unternehmen wahrgenommene technologisch- und ingenieurorientierte Bild abzuändern und auf ganzheitliche Lösungen zu setzen, welche für die allgemeine Verbesserung der Effizienz der Krankenhäuser Sorge tragen.

3. Die vierteljährliche Sitzung im Rahmen des Marketingausschusses nutzte Müller, um die harten Fakten seines Plans vorzuführen. Zur Veranschaulichung wurden seinerseits Illustrationen in Form von Tabellen und Grafiken verwendet, die die Mängel, Sachverhalte und Zahlen darlegten. Müllers Ziel, etwas zu ändern, die bisher nicht genutzten Lücken des C-Level Konzepts hervorzuheben und Möglichkeiten zu bieten, diese zugänglich bzw. nützlich zu machen. Der Plan dafür, ein kleines geschäftsübergreifendes Projektteam einzuführen, welches Ideen für das C-Level-Marketing in Deutschland entwickelt.

1.3 Barrieren und Widerstände

1. Ressourcen besitzen für das Vorhaben von Herrn Müller eine hohe Wichtigkeit und können bei fehlendem oder mangelhaftem Vorhandensein Barrieren auslösen. In diesem Fall sind Ressourcen Geldmittel des Marketingbudgets, aber auch das Personal für die Projektgruppe. Der von ihm angestrebte Wandel muss zeitgleich zur aktuellen Strategie erfolgen, was im Umkehrschluss bedeutet, dass höhere Kosten aufzuwenden sind. Werden die Geldmittel gar nicht bzw. nur im geringen Maße freigegeben, stört dies die Implementierung. Gleiches trifft auch auf das Personal zu. Steht zu wenig Personal für das Vorhaben zur Verfügung kann ein Voranschreiten und eine optimale Ideensammlung nicht gefördert bzw. weiterentwickelt werden.

2. Informationssysteme und deren -fluss können ebenfalls problembehaftet sein und dementsprechend Barrieren darstellen. Diese Problematik basiert auf den bisher aufgeteilten Marketing-Unternehmenseinheiten und den dazugehörigen eigenständig tätigen Vizepräsidenten. In dem geplanten Projekt werden die einzelnen Ebenen verknüpft, so dass sich ein neues Informationssystem ergibt und ein Zusammenarbeiten unausweichlich ist. Die Marktinformationen und das vorhandene Knowhow müssen nun an die jeweiligen Positionen zur Verarbeitung weiterge-

leitet werden, um das Unternehmen voranzubringen. Hierbei können jedoch diverse Probleme entstehen, die durch die zuvor verschiedenen Arbeitsweisen begründet werden können.

3. Der Wandel der Gesundheits- und Medizintechnik AG bedeutet Veränderung und Umstrukturierung. Mitarbeiter erhalten zum Teil neue Positionen, müssen veränderte Arbeitsweisen und Zeitabläufe berücksichtigen sowie bisher erlernte Routinen ablegen. Dies könnte zu einem mangelhaften Verständnis für die Unternehmung führen und infolgedessen Unsicherheiten, Unruhe und Angst auslösen.

4. Fehlende Motivation, Desinteresse und Lustlosigkeit können verdeckte Widerstände darstellen, welche sich u.a. durch Zusatzarbeiten und Veränderungen bilden. Im Falle von Herrn Müllers angestrebten Wandel können diese versteckten Widerstände durch die Arbeitsgruppe, welche keine Pflicht-, sondern eine Zusatzveranstaltung ist, und durch die Erarbeitung neuer Ideen für das C-Level Marketing entstehen.

2 Change-Management

2.1 Gründe für das Scheitern

Nachfolgend werden die Gründe für das Scheitern des Strukturwandels von Herrn Müller anhand des 8-Stufen Modells nach Kotter erläutert.

Zu Stufe 1:

Die von Herrn Müller getroffenen Überlegungen und durchgeführten Tätigkeiten im ersten Meeting haben die Wichtigkeit eines Marketingstrategiewandels durchaus klar dargestellt, jedoch wurde das Bewusstmachen einer optimalen Gelegenheit versäumt. Dies zeigt sich u.a. in den Reaktionen der VPs, welche bzgl. einer Budgeteinräumung zögerten. Gleichzeitig müsste das Thema „überprüft", „bearbeitet" und „angestoßen" werden, wodurch erkennbar ist, dass bei den Beteiligten keine ausreichende Dringlichkeit erzeugt wurde.

Zu Stufe 2:

Eine starke Führungskoalition bzw. ein starkes Leistungsteam, welches im Vorhaben von Herrn Müller durch eine freiwillige Zuordnung entstehen sowie genügend Macht und Kompetenz aufweisen sollte, besitzt eine hohe Wichtigkeit in Bezug auf das Vorantreiben des Wandels. Die geringen Bemühungen seitens Müllers sorgten jedoch dafür, dass kaum jemand die neue Strategie befürwortete, gar selbstständig die Initiative ergriff dem Team beizutreten. Begründet ist dies durch das schlechte Akquirieren von Freiwilligen sowie das Fehlen einer klaren Führung und Struktur. Zudem wurde die Thematik „Leistungsteam" und deren Zusammenstellung lediglich bei den VPs angesprochen.

Zu Stufe 3:

„Es muss etwas unternommen werden", so die Worte von Müller. Diese Botschaft bietet weder ein visuelles Bild noch eine greifbare Antwort in welche Richtung der Wandel gehen soll bzw. muss. Durch die fehlende Vision werden den Mitarbeitern keinerlei Emotionen, Motivatoren, Ziele und Leitbilder gegeben, was im Endeffekt zu einem Scheitern führt.

Zu Stufe 4:

Existiert keine Vision, kann diese auch nicht kommuniziert bzw. für diese kein Verständnis und die dazugehörige Akzeptanz geschaffen werden. Die fehlende Kommunikation und das ausbleibende Vorleben der nicht vorhandenen Vision sorgten für eine Entstehung von Skepsis bei den VPs und den zum Kick-Off eingeladenen Teilnehmern gegenüber dem Wandel. Im Endeffekt scheiterte die geplante Strategie, bedingt durch die stetige Weiterentwicklung des Bedenkens und somit des Fernbleibens der Kick-Off Veranstaltung.

2.2 Veränderungen meistern

Folgend wird anhand der acht Beschleuniger von Kotter die Umsetzung für einen erfolgreichen Wandel dargestellt:

1. Gefühl der Dringlichkeit für eine bedeutende Chance wecken:
   Bereits von Anfang an hätte der Fokus direkt bzw. gezielt auf die sich ergebenen Chancen, den Wandel der evolutionären Weiterentwicklung und die heutzutage auffindbare Schnelllebigkeit gelegt werden müssen. In diesem Fall hätte Herr Müller die Möglichkeit gehabt die VPs noch stärker anzusprechen, so dass sich eine höhere Motivation und Eigeninitiative ihrerseits bildet.

2. Aufbau und Pflege einer lenkenden Koalition:
   Für die Zusammenstellung eines leistungsstarken Teams müssen die aus den einzelnen Hierarchiestufen ausgewählten Personen verschiedene Kompetenzen mit sich bringen. Führungspersönlichkeit, Fachkompetenz, aber auch Volition sind essenzielle

Aspekte für die jeweiligen Auswahlentscheidungen. Ebenfalls sorgt eine Gleichberechtigung, heißt eine hierarchiefreie Anordnung, unter den einzelnen Akteuren für eine optimale Informationsübermittlung. Nicht zuletzt muss der Punkt „Freiwilligkeit" beachtet werden. Dieser spielt eine zentrale Rolle in der Teamzusammenstellung und schafft die Grundlage für eine von Erfolg gekrönte Systemveränderung.

3. <u>Formulierung einer strategischen Vision und Entwicklung von Change-Initiativen:</u>
Um die VPs von dem Wandel zu überzeugen und diese für die Umsetzung zu gewinnen, hätte Herr Müller eine klar definierte Vision, mit dem gezielten Fokus auf die sich ergebene Chance, formulieren müssen. Die Vision sollte sich jedoch auf den direkten Vertrieb und deren einzelne Abteilungen beziehen und somit eine für alle erkennbare Markt- und Kundenorientierung implizieren. Zudem hätten Change Agenten dabei helfen können verschiedene Initiativen zu gründen, welche nicht nur die Weiterempfehlungsrate bei Kunden, sondern auch die allgemeine Mitarbeiterzufriedenheit erhöht.

4. <u>Kommunikation der Vision und der Strategie, um Unterstützung und Freiwillige zu gewinnen:</u>
Kommunikation erweist sich in vielerlei Hinsicht als Problemlöser sowie Erfolgsindikator, weshalb diese besonders authentisch und effizient für die Visionsübermittlung eingesetzt werden muss. Eventuell bestehende Barrieren und Widerstände werden mit dieser Methode minimiert, so dass seitens der VPs der Wandel mehr und mehr an Zustimmung gewinnt. Durch die gewonnene Unterstützung können nun einzelne Vize-Direktoren für die Weiterleitung der Vision und Werte bestimmt werden. Weiterhin verhelfen Aktionstage, aber auch Events zur Gewinnung von Akzeptanz der Strategie.

5. <u>Beseitigung von Hindernissen, um ein rasches Vorankommen zu ermöglichen:</u>
Eine klare Zuweisung der Handlungsräume, wie z.B. das Einräumen spezifischer Ressourcen zur Problembewältigung, der Projektbeteiligten hätte bereits zu einer schnelleren Problemlösung geführt. Eine weitere Möglichkeit wäre das Hinzuziehen des dreistufigen Phasenkonzepts nach Lewin. Dabei hätte man in der ersten Phase (Auftau-Phase) die retardierenden Kräfte, bspw. durch den Zugang zu den Mitarbeitern, vermindern können. In der 2. Phase (Bewegungs-Phase) würde nun die Möglichkeit bestehen die Verhaltensweisen und Abläufe so zu ändern, dass der gewünschte Endzustand immer realistischer bzw. erreichbarer wird. Zusätzlich müssen in dieser Phase die akzelerierenden Kräfte mobilisiert werden. Die 3. Phase (Stabilisierungs-Phase)

muss nun die neuen Verhaltensmuster und Arbeitsweisen stabilisieren und gleichzeitig dafür sorgen, dass ein Rückfall in den alten Zustand verhindert wird.

6. <u>Zelebrieren von schnellen, bedeutenden Erfolgen:</u>
Motivation ist neben der Kommunikation ein weiterer Erfolgsfaktor, welcher u.a. dazu führt, dass die Leistungsfähigkeit deutlich steigt. Das Festlegen und Erreichen von Teilzielen hätten die Motivation der einzelnen Beteiligten zu einem hohen Maß positiv beeinflussen können, was folglich zu einer weiteren erfolgreichen Umsetzung der Strategie und dem erneuten Zelebrieren von Erfolgen führt. Zusätzlich hätte ein gutes Feedbacksystem, abseits von einer positiven oder negativen Rückmeldung, die Informationssammlung, -verarbeitung und -weitergabe deutlich verbessert, wodurch man schnell und gezielt auf Veränderungen hätte reagieren können.

7. <u>Nicht nachlassen, stets weiterlernen und nicht zu früh den Sieg ausrufen:</u>
Der heutzutage existierende schnelllebige Wandel der Umgebung sorgt dafür, dass man als Unternehmen anpassungsfähig bleiben muss, um stets auf Veränderungen reagieren und sich so gleichzeitig Wettbewerbsvorteile sichern zu können. In diesem Fall könnten nach der erfolgreichen Umsetzung der Strategie weitere Change-Management-Konzepte oder Programme zur Früherkennung bestimmter Krankheiten entwickelt werden.

8. <u>Institutionalisierung des strategischen Wandels in der Unternehmenskultur:</u>
Zur vollständigen Integration müsste nun das Projekt als ein festes Marketingkonzept bzw. als eine feste Institution übernommen werden. Die Mission, die aus der Vision abgeleitet wird, dient als Basis der einzelnen Werte, welche wiederum die Unternehmenskultur schaffen. Das entstandene Konzept dient zur Orientierung der Mitarbeiter und bringt gleichzeitig diverse positive Effekte mit sich, wie z.B. die Erhöhung des Kundenfokus, die Förderung der Innovation und Kreativität, etc...

3 Strategieimplementierung

3.1 Durchsetzung

Die Phase der Durchsetzung dient mit ihren verhaltensbezogenen Aufgaben der Gewinnung der Akzeptanz der Mitarbeiter bzgl. der neu zu implementierenden Strategie. Im Beispiel von Herrn Müller und der Gesundheits- und Medizintechnik AG soll innerhalb dieser Phase die Befürwortung des Konzepts seitens der VPs erlangt werden. Gegenstand der Durchsetzungsstufe sind: Vermittlung der Strategie, Einweisung und Schulung, Schaffung eines strategiebezogenen Konsenses.

1. Vermittlung der Strategie:

   Maßnahmen für eine optimale Vermittlung der Strategie sind u.a. Rundschreiben, die den anstehenden Wandel im Vorfeld ankündigen sollen. Die persönliche Kommunikation hat ebenfalls einen großen Einfluss bzgl. der Gewinnung der Akzeptanz, weshalb einzelne Meetings mit allen VPs durchgeführt werden müssen. In diesen können diverse Ideen gesammelt, aber auch verschiedene Themen genauestens erläutert werden. Die innerhalb der Meetings getroffenen Entscheidungen müssen durch weitere Kick-Off Veranstaltungen allen Mitarbeitern vorgestellt werden.

2. Einweisung und Schulung:

   Eine neue Strategie bedeutet oftmals auch Unsicherheit und Ungewissheit seitens der Mitarbeiter. Aus diesem Grund sollen Schulungen dabei verhelfen diese zu beseitigen und den Implementierungsprozess kontinuierlich voranzutreiben. Hinsichtlich neuer technischer Arbeitsgeräte und Verkaufsprozesse können die VPs, aber auch die einzelnen Mitarbeiter von internen sowie externen Beratern geschult werden.

3. Schaffung eines strategiebezogenen Konsenses:

   Eine der wichtigsten Maßnahmen für eine gemeinsame Übereinstimmung ist die Förderung der Kommunikation untereinander. Jeder muss über die Abläufe Bescheid wissen und gleichzeitig diese verinnerlichen. Neben dem ist eine einheitliche Zielformulierung für die Schaffung eines gemeinsamen Konsenses und die Vermeidung von Ziel-, Verteidigungs- und Durchsetzungskonflikten entscheidend.

3.2 Umsetzung

Sofern die Phase der Durchsetzung durchgeführt und die Akzeptanz der Beteiligten gewonnen worden ist, kann der Abschnitt der Umsetzung erfolgen. Diese Stufe ist sachbezogen ausgerichtet und dient der Verfolgung eines reibungslosen Ablaufes. Elemente dieser Phase sind: Transformation, Anpassung sowie Motivierung und Mobilisierung.

1. Transformation:

   Klar definierte Maßnahmen, die nach Inhalt, Ausmaß und Zeit formuliert sind, geben einen optimalen Gesamtüberblick über das einzuführende Konzept bzw. die Strategie. So könnte bspw. eine VP- und Mitarbeiterschulungsrate von min. 90% innerhalb der ersten 8 Monate geplant bzw. festgelegt werden. Weiterhin wäre eine Möglichkeit die vollständige Implementierung des Konzepts in alle Bereiche des Marketings nach 15 Monaten. Zur Unterstützung dieser Maßnahmen ist ein softwarebasiertes Informationssystem, welches einen Informationsfluss aus dem Managementsystem steuert, optimal geeignet.

2. Anpassung:

   Die Unternehmenskultur, die Organisationstruktur, das Verändern der Menschen sowie die Managementsysteme werden bei diesem Aufgabenelement angepasst. Hierfür können u.a. Softwares für Mandantenberater mit einer Vernetzung der Beschaffungsabteilung eingeführt werden. Zusätzlich besteht die Möglichkeit der Anpassung der Unternehmenspotentiale durch die Abstimmung der Art der Organisation auf die Art des Wandels sowie das Einrichten eines Home-Offices Angebotes für einzelne Abteilungen.

3. Motivierung und Mobilisierung:

   Höhen und Tiefen findet man häufig in Umsetzungen von neuen Prozessen bzw. Strategien. Aus diesem Grund ist es besonders wichtig die Motivation möglichst weit oben zu halten und die Projektgruppe zu mobilisieren. Folglich können diverse Interventionstaktiken wie bspw. die Einführung von quartalsweisen Marketingerfolgsberichten sowie -meetings erfolgen. Gleichzeitig dienen das Festlegen und Erreichen von Teilzielen als positives Motivationspotenzial. Letztlich könnte als weitere Maßnahme das Einführen von Gleitzeit überdacht werden, um so den Beteiligten mehr Freiräume zu geben.

4 Balanced Scorecard

4.1 Ursache-Wirkungskette

Nachfolgend wird eine Ursache-Wirkungskette dargestellt, welche passend für die Gesundheits- und Medizintechnik AG fungiert.

Perspektive 1: Lern- und Entwicklungsperspektive

Die personelle Entwicklung seitens der Mitarbeiter steht innerhalb dieser Perspektive im Vordergrund, weshalb der Fokus auf der Steigerung der Serviceorientierung, in Bezug auf Kompetenz und Freundlichkeit, sowie der bereichsübergreifenden Mitarbeiterweiterbildung liegt.

Perspektive 2: Interne Kommunikationsperspektive

Die zweite Perspektive betrachtet Möglichkeiten zur Verbesserung der internen Kommunikation. Durch entsprechende Digitalisierungsprozesse können Informationen schneller von A nach B gelangen und sorgen gleichzeitig dafür, dass ein permanenter sowie effizienter Informationsfluss auf allen Ebenen entsteht.

Perspektive 3: Interne Prozessperspektive

Interne Geschäftsverfahren und deren Prozessparameter werden in Hinblick auf die Zufriedenheit der Kunden sowie Anteilseigener identifiziert und anschließend optimiert. Dies gelingt u.a. durch die Verbesserung von Bestell- und Lieferservice, die Optimierung von Vermarktungsprozessen sowie einer Handlungsflexibilität hinsichtlich der Mandantenberatung.

Perspektive 4: Kundenperspektive

Die erlangte Kundenzufriedenheit sorgt für eine Erhöhung der Kundenbindung sowie für eine Steigerung des Unternehmensimages. Weiterhin muss kontinuierlich am Prozess der Kundentreue gearbeitet werden.

Perspektive 5: Finanzielle Perspektive

Letztlich hat eine erfolgreiche Kundentreue u.a. Auswirkungen auf die Umsätze (steigen), den Cashflow (steigt) sowie die Kapitalbindung (wird geringer).

4.2 Festlegung Ziele, Kennzahlen, Vorgaben und Maßnahmen

Basierend auf der in Aufgabe 4.1 formulierten Ursache-Wirkungskette, wird im Folgenden jeweils ein Ziel, eine zu den Zielen passende Kennzahl, eine zu den Kennzahlen passende Vorgabe sowie eine dazu passende, konkrete und detaillierte Maßnahme für jede Perspektive aufgezeigt.

Perspektive 1: Lern- und Entwicklungsperspektive

- Ziel: Kompetenz- und Qualifikationssteigerung der Mitarbeiter
- Kennzahl: Weiterbildungsmaßnahmen pro Mitarbeiter innerhalb eines Jahres
- Vorgabe: 7 Weiterbildungsmaßnahmen pro Mitarbeiter innerhalb eines Jahres
- Maßnahme: Kostenübernahme der internen und externen Weiterbildungsprogramme

Perspektive 2: Interne Kommunikationsperspektive

- Ziel: Schaffung eines ausgezeichneten Informationssystems
- Kennzahl: Intensität der Nutzung durch Mitarbeiter und Manager
- Vorgabe: Nutzung des unternehmenseigenen Online-Portals zu min. 85% innerhalb der ersten 4 Monate nach der Einführung
- Maßnahme: Einführung eines Intranets mit internen Schulungen

Perspektive 3: Interne Prozessperspektive

- Ziel: Zertifizierung nach ISO 9001
- Kennzahl: Status der Zertifizierung
- Vorgabe: 100% nach Beginn der Einführung innerhalb der ersten 8 Monate
- Maßnahme: Bestimmung eines fachkompetenten QM-Managers

Perspektive 4: Kundenperspektive

- Ziel: bester Anbieter im Gesundheitssegment in puncto Qualität und Service
- Kennzahl: Anzahl der Kundenbeschwerden
- Vorgabe: weniger als 5% Kundenbeschwerden innerhalb des ersten Jahres
- Maßnahme: Erstellung von umfassenden Lösungspaketen

Perspektive 5: Finanzielle Perspektive

- Ziel: Umsatzsteigerung
- Kennzahl: Umsatzzahlen/Umsatzrentabilität
- Vorgabe: Umsatzrentabilität auf 12% innerhalb der ersten 1,5 Jahre steigern
- Maßnahme: ganzheitlicher Produktvertrieb/Cross-Selling

5 Unternehmensethik

5.1 Praxisbeispiel: Nestlé

Das Großunternehmen Nestlé steht bereits seit längerer Zeit überdurchschnittlich hohen Kritiken gegenüber. Laut dem von Orange Handelsblatt im Jahr 2019 veröffentlichten Beitrag sind die Kritiken durch Wasserausbeutung, Regenwaldzerstörung, Tierversuchen sowie ungesunde Babynahrung entstanden.

Im Folgenden wird jedoch nur auf den Skandal der Wasserausbeutung eingegangen.

Das von Nestlé verfolgte, aber überaus fragliche Prinzip bezieht sich auf den weltweiten Kauf von Wasserrechten von staatlichen Wasserbehörden. Aufgrund dieses Verfahrens ist es dem Unternehmen gestattet Grundwasser direkt abzupumpen und via Reinigung als Tafelwasser, zumeist in Plastikflaschen, zu verkaufen. Die Problematiken bzw. die zentralen Vorwürfe und die damit entstehende Kritik bezieht sich auf die von Nestlé geführte

Marke „Pure Life", welche Wasser trotz Wassersparstufe innerhalb wasserarmer Regionen, wie z.b. in Teilen von Südafrika und inzwischen der französischen Kleinstadt Vittel, abpumpt sowie die von jedermann benötigte Flüssigkeit als kein Menschenrecht bezeichnet und dabei gleichzeitig mehrere Milliarden Euro Umsatz macht (Orange Handelsblatt, 2019; Stern, 2019). Weiterhin wird stark kritisiert, dass Wasserfabriken in Südafrika unmittelbar neben den unter Hunger und Dürre leidender Menschen hochgezogen werden und die dort lebende Bevölkerung dennoch ohne Trinkwasser bzw. Hilfe auskommen muss (Netzfrauen, 2017).

5.2 Unternehmenswerte

Laut der unternehmenseigenen Website verfolgt Nestlé festgeschriebene Unternehmenswerte (Nestlé, 2021). Diese lauten wie folgt:

1. **Nutrition, Gesundheit und Wellness**
   „Unser Ziel ist es, die Lebensqualität unserer Kunden in aller Welt zu verbessern, indem wir leckere und gesündere Lebensmittel bieten und sie zu einem gesunden Lebensstil anregen. Hierfür steht unsere Devise „Good Food, Good Life"." (Nestlé, 2021)

2. **Qualitätssicherung und Produktsicherheit**
   „Der Name Nestlé garantiert Konsumenten in aller Welt die Sicherheit und die hohe Qualität unserer Produkte " (Nestlé, 2021)

3. **Konsumentenkommunikation**
   „Wir verpflichten uns zu einer verantwortungsvollen, verlässlichen Kommunikation, die den Konsumenten eine sachkundige Wahl ermöglicht und eine gesündere Ernährung fördert. Wir wahren zudem die Privatsphäre der Konsumenten." (Nestlé, 2021)

4. **Achtung der Menschenrechte**
   „Wir unterstützen voll und ganz die Grundsätze der Global-Compact-Initiative der Vereinten Nationen (UNGC) zu Menschen- und Arbeitsrechten und wollen durch die Achtung der Menschen- und Arbeitsrechte im Rahmen unserer Geschäftstätigkeit mit gutem Beispiel vorangehen." (Nestlé, 2021)

5. **Führung und persönliche Verantwortung**
   „Unsere Mitarbeiter sind die Grundlage unseres Erfolgs. Wir begegnen einander mit Würde und Respekt und erwarten von allen Beschäftigten unseres Unternehmens die Bereitschaft, persönliche Verantwortung zu übernehmen. Wir stellen

kompetente und motivierte Mitarbeiter ein, die unsere Werte respektieren. Wir bieten Chancengleichheit durch Weiterbildung und Entwicklungsmöglichkeiten, wir schützen die Privatsphäre unserer Mitarbeiter und tolerieren keinerlei Form von Belästigungen oder Diskriminierung." (Nestlé, 2021)

6. **Gesundheit und Sicherheit am Arbeitsplatz**
   „Wir verpflichten uns zur Vorbeugung von arbeitsbedingten Unfällen, Verletzungen und Krankheiten und zum Schutz unserer Mitarbeiter und Auftragnehmer sowie aller entlang der Wertschöpfungskette beteiligten Personen." (Nestlé, 2021)

7. **Lieferanten- und Kundenbeziehungen**
   „Wir erwarten von unseren Lieferanten, Zwischenhändlern, Zulieferern und ihren Mitarbeitern Ehrlichkeit, Integrität und Fairness sowie die Einhaltung unserer nicht verhandelbaren Standards. Wir verpflichten uns dazu, uns unseren Kunden gegenüber ebenso zu verhalten." (Nestlé, 2021)

8. **Landwirtschaft und ländliche Entwicklung**
   „Wir tragen dazu bei, die landwirtschaftliche Produktion sowie den sozialen und wirtschaftlichen Status von Bauern und ländlichen Gemeinschaften zu verbessern und die Produktionssysteme zu optimieren, um ihre ökologische Nachhaltigkeit zu steigern." (Nestlé, 2021)

9. **Ökologische Nachhaltigkeit**
   „Wir verpflichten uns zu umweltschonenden Geschäftsmethoden. Wir streben in allen Stufen des Produktlebenszyklus nach einer effizienten Nutzung natürlicher Ressourcen, streben bevorzugt den Einsatz nachhaltig bewirtschafteter, erneuerbarer Ressourcen und eine abfallfreie Produktion an." (Nestlé, 2021)

10. **Wasser**
    „Wir verpflichten uns zu einer nachhaltigen Nutzung von Wasserressourcen und der permanenten Verbesserung unseres Wassermanagements. Wir sind uns bewusst, dass die Welt vor einem zunehmenden Wasserproblem steht und dass der verantwortungsbewusste Umgang mit den weltweiten Wasserressourcen durch alle Nutzer unabdingbar ist." (Nestlé, 2021)

5.3 Wertebruch

Würde man das gesamte Unternehmen betrachten, so könnten alle aufgeführten Werte scharf diskutiert und deren Einhaltung infrage gestellt werden. Der Bezugspunkt liegt jedoch nur auf der Thematik „Wasserausbeutung", weshalb einige Unternehmenswerte

nicht weiter debattiert werden müssen. Fokussiert man sich auf den in Punkt vier aufgeführten Wert und die seitens Nestlé getätigte Aussage "Wir bei Nestlé sind der festen
Überzeugung, dass der Zugang zu Wasser ein grundlegendes Menschenrecht ist. Jeder
Mensch, überall auf der Welt, hat das Recht auf sauberes, sicheres Trinkwasser und sani-
täre Einrichtungen" (Stern, 2019), fällt im Vordergrund ein durchaus positives Bild auf
den Großkonzern. Dieses Image verfliegt jedoch schlagartig, sobald der Blick etwas ge-
nauer auf die von Nestlé durchgeführten Tätigkeiten gerichtet wird, denn das abgepumpte
und aufbereitete Wasser kann nur gegen eine Zahlung erworben werden. Geld hat die
ohnehin schon unter Nahrungs- und Wasserknappheit leidende Bevölkerung in vielen
Teilen von Südafrika nicht. Dieser Fakt bedeutet, dass die dort lebenden Menschen, trotz
der in unmittelbarer Nähe liegenden Wasserfabrik, kein sauberes Wasser zur Verfügung
haben, bzw. sich dieses nicht leisten können. Trotz des wahrgenommenen Mangels und
der Not an Wasser stellt der Großkonzern dieses nicht kostenfrei zum Gebrauch bereit.
Zusätzlich unterstützt die von dem ehemaligen Konzern-Chef Peter Brabeck-Letmathe
getätigte Aussage „Wasser ist kein Menschenrecht" (Stern, 2019) den Fakt, dass gegen
den Unternehmenswert „Achtung der Menschenrechte" klar verstoßen worden ist (Netzfrauen, 2017; Stern, 2019).

Auch bei dem in Aufgabe 5.2 aufgeführten Punkt „Wasser" erfolgt ein Wertebruch. Das
Unternehmen ist sich laut eigenen Aussagen bewusst, dass auf der Welt ein zunehmendes
Wasserproblem in den Vordergrund rückt und ein verantwortungsbewusster Umgang erforderlich sei (Nestlé, 2021). Dennoch bezieht Nestlé weiterhin seine Wasserressourcen
aus dem Grundwasser von Ländern in denen Wasserkrisen herrschen. Auch eine einge-
führte Wassersparstufe und die seitens des Unternehmens wahrgenommene Trockenheit
in den wasserarmen Ländern stoppt das Abpumpen nicht, denn der Umsatz steht weiterhin im Fokus (Orange Handelsblatt, 2019).

5.4 Konsequenzen

Interne Stakeholder:
Bedingt des Wertebruches können Identifikationsprobleme seitens der Beschäftigten entstehen. Abhängig von deren Werte, Ethik und Moral besteht die Möglichkeit, dass infolgedessen Motivationsgefälle sowie Leistungseinbußen eintreten oder sogar Kündigungen
als Konsequenzen erfolgen.

Der Umbau des Wassergeschäfts durch die Managementebene kann eine weitere Konse-
quenz darstellen. Solch eine Aktion führt u.a. dazu, dass der Skandal entschärft wird und

die entstandene miserable Reputation wieder rehabilitiert. Diese Reaktion wurde im Jahr 2019 tatsächlich umgesetzt, wobei der Chef der Wassersparte, Maurizio Patarnello, die Konzernleitung verließ (Stern, 2019).

Externe Stakeholder:

Externe Stakeholder können u.a. die Kunden sein, welche durch die Vermeidung jeglicher Nestlé Produkte einen Boykott gegenüber dem Unternehmen starten. Folglich sinken die Umsätze und das Image geht immer mehr den Bach hinunter.

Weitere Stakeholder sind Liefer-, Vertriebs- und Kooperationspartner. Auch diese können zum Boykott aufrufen, in dem sie Produkte von Nestlé nicht mehr liefern oder aus dem Sortiment nehmen. So tat es bspw. der Großkonzern Edeka, welcher ein Bestellstopp für 163 Produkte in ca. 6000 Filialen einführte (Munk, 2019). Folglich sind für Nestlé hohe Umsatzeinbußen und Imageschäden entstanden.

6 Literaturverzeichnis

Munk, S. (2019). *Edeka streicht 160 Nestlé-Produkte - Umsätze des Lebensmittelkonzerns brechen ein*. Münchener Zeitungs-Verlag GmbH & Co. KG. Zugriff am: 09.05.2021. Verfügbar unter: https://www.merkur.de/verbraucher/edeka-nimmt-160-nestl-produkte-aus-sortiment-so-reagiert-konzern-zr-9625894.html

Nestlé (2021). *Die Nestlé Unternehmensgrundsätze*. Zugriff am 09.05.2021. Verfügbar unter: https://www.nestle.de/unternehmen/grundsaetze/nestle-unternehmensgrundsaetze

Netzfrauen (2017). *Trotz Dürre-Katastrophe – Nestlé pumpt 50.000 Liter pro Stunde Wasser aus Äthiopiens Boden und baut die Milchwirtschaft aus*. Netzfrauen. Zugriff am 09.05.2021. Verfügbar unter: https://netzfrauen.org/2017/04/12/aethiopien-nestle/

Orange Handelsblatt (2019). *Warum Nestlé so unbeliebt ist*. Handelsblatt GmbH. Zugriff am 09.05.2021. Verfügbar unter: https://www.handelsblatt.com/unternehmen/handel-konsumgueter/lebensmittelkonzern-warum-nestle-so-unbeliebt-ist/26287122.html

Stern (2019). *Läuft nicht bei Nestlé - Konzern muss Wassergeschäft umbauen*. stern.de GmbH. Zugriff am 09.05.2021. Verfügbar unter: https://www.stern.de/wirtschaft/news/nestl%C3%A9-muss-das-wassergeschaeft-umbauen-8957908.html